빌 게이츠 # 컴퓨터 # 마이크로소프트 # 윈도우 # 나눔

**글쓴이 송명호**
한국아동문학회 회장, 한국문인협회 상임이사, 국제펜 한국본부 이사 등을 지냈습니다. 제1회 문공부 5월 예술상, 제1회 소년한국문학상, 소천아동문학상, 대한민국 문학상 등을 받았습니다. 작품으로는 〈전쟁과 소년〉, 〈다섯 계절의 노래〉 등이 있습니다.

**그린이 박진덕**
성신여자대학교 공예과를 졸업했으며, 프리랜스 일러스트레이터입니다. 〈안데르센〉 등 많은 동화책의 그림을 그렸습니다.

**펴낸이** 김준석  **펴낸곳** 교연미디어  **편집 책임** 이영규  **리라이팅** 이주혜  **디자인** 이유나  **출판등록** 제2022-000080호  **발행일** 2023년 2월 15일
**주소** 서울시 관악구 법원단지 16길 18 B동 304호(신림동)  **전화** 010-2002-1570  **팩스** 050-4079-1570  **이메일** gyoyeonmedia@naver.com

*이 책에 실린 글과 그림의 무단 복제 및 전재를 금합니다.

【산업의 혁신과 미래 비전을 제시한 위인들】

# 빌 게이츠
### -컴퓨터 개혁 이야기-

송명호 글 | 박진덕 그림

미국

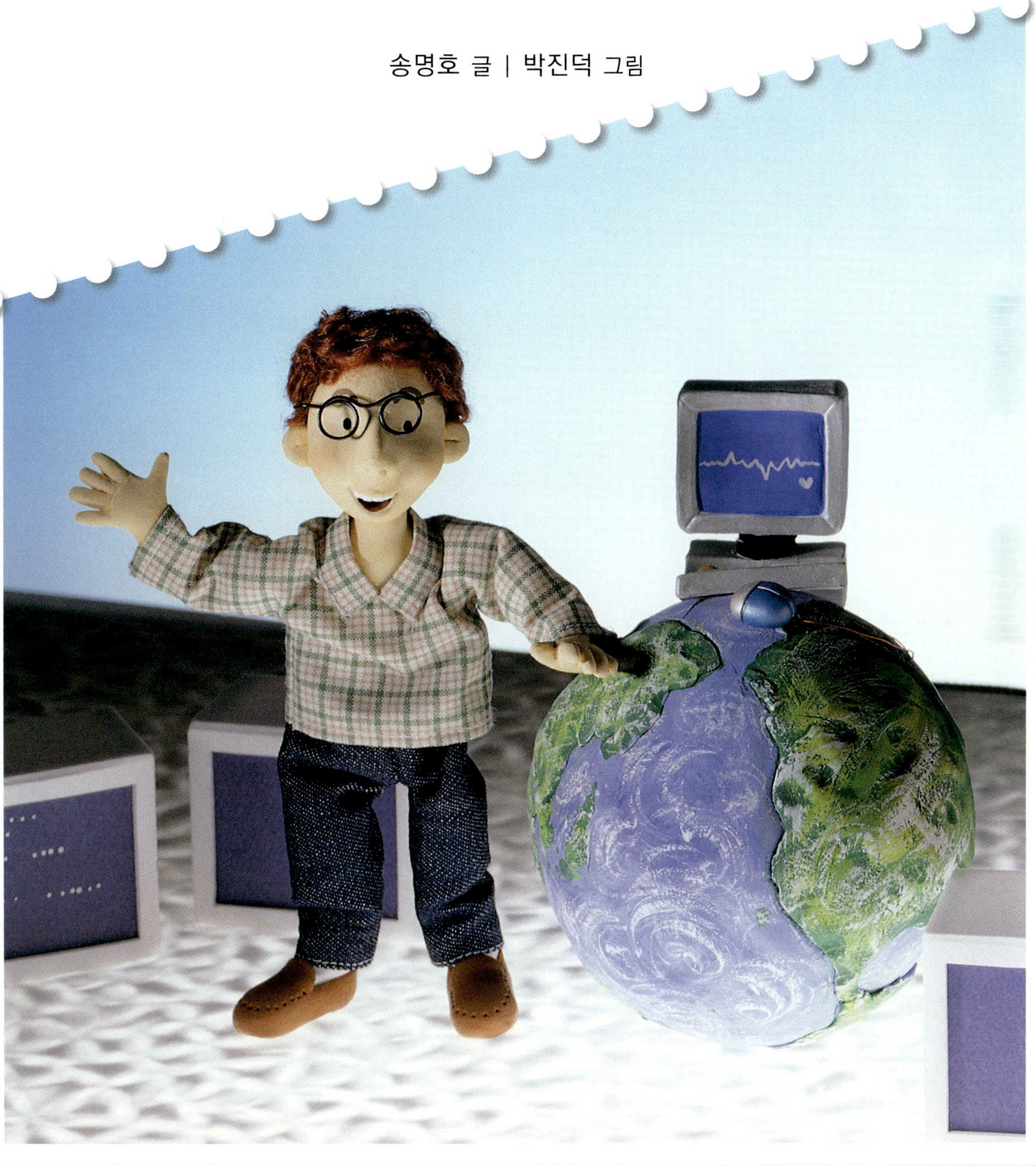

"예수께서 무리를 보시고 산에 올라가 앉으시니
제자들이 나아온지라."
진지한 목소리로 책을 읽고 있는 빌 게이츠에게 엄마가 물었어요.
"빌, 오늘은 뭘 읽고 있니?"
"*성경에 있는 *산상수훈이에요.
이걸 다 외우면 신부님께서 박람회에 데려가 준다고 하셨거든요."
빌 게이츠는 독서와 토론을 중요시하는 부모님 덕분에
암기력은 물론, 논리력이 뛰어난 아이로 자랐답니다.

**성경**
성경은 그리스도교의 경전이에요. 산상수훈은 마태복음 5장에서 7장에 해당하는 내용으로, 예수님의 가르침을 모아 놓은 것이랍니다.

빌 게이츠의 부모님은 꼭 필요한 물건이 아니면
잘 사 주지 않았대요.
덕분에 빌 게이츠는 스스로 문제를
해결할 수 있는 능력을 키울 수 있었어요.
어느 날, 빌 게이츠는 누나에게
*계약서 한 장을 내밀었어요.
"누나, 내가 5달러를 줄 테니까
내가 원할 때 야구 장갑 좀 쓰게 해 줘."
"좋아."
두 아이는 계약서에 도장을 찍으며
*거래하는 방법을 익히기도 했답니다.

*계약서는 무엇을 어떻게 하자고 약속하는 글을 써 놓은 것이에요.
*거래는 필요한 것을 서로 교환하는 거예요.

이렇듯 어른스러웠던 빌 게이츠도
또래 아이들과 마찬가지로
엄마의 잔소리를 듣는 것은 싫어했어요.
"빌, 네 방 청소는 했니?"
"빌, 책 볼 때 연필 꽁무니 씹지 말라고 했지!"
"빌, 식사 시간은 정확하게 지키렴."
엄마의 잔소리가 길어질수록
빌 게이츠의 머리도 지끈지끈 아파왔어요.

빌 게이츠의 나쁜 습관이 고쳐지지 않자
부모님은 *상담 선생님을 찾아갔어요.
"선생님, 빌을 어떻게 하는 것이 좋을까요?"
아빠가 상담 선생님에게 물었어요.
"빌에게 이래라저래라하지 않는 것이 좋겠습니다.
스스로 고칠 때까지 지켜봐 주세요."
상담 선생님의 말을 들은 부모님은
빌 게이츠가 나쁜 습관을 스스로 깨닫고
고칠 때까지 믿고 기다려 주었답니다.

*상담은 전문가를 찾아 문제나 고민 등의 해결 방법을 의논하는 활동이에요.

어느 날, 빌 게이츠가 다니는 고등학교에 컴퓨터가 설치되었어요.
당시에는 컴퓨터가 아주 비쌌기 때문에 흔하게 볼 수 없었어요.
"컴퓨터는 정말 놀라운 기계로구나!"
빌 게이츠는 마치 요술 상자와도 같은
컴퓨터의 매력에 푹 빠져들었어요.

부모님은 빌 게이츠가 컴퓨터에 빠져
다른 공부를 게을리하지 않을까 걱정이 되었어요.
사실 부모님은 빌 게이츠가 *판사가 되기를 바랐대요.
"빌, 너무 컴퓨터에만 관심을 보이는 건 아니니?"
"그래. 책도 좀 보는 게 좋겠어."
부모님의 충고에 책을 펼치긴 했지만
빌 게이츠의 머릿속은 컴퓨터에 대한
생각으로 가득 차 있었답니다.

균형을 상징하는 저울을 들고 있는 정의의 여신상
판사는 변호사와 검사의 논쟁, 증인의 진술, 사건의 증거 등 재판에 관련된 자료들을 검토하고 법률에 근거해 판결을 내리는 사람이에요.

빌 게이츠는 아예 컴퓨터 회사에서 일을 하기도 했어요.
"직원들이 퇴근한 다음에는 컴퓨터를 마음껏 써도 돼.
그 대신 우리 회사에서 사용하고 있는
컴퓨터 프로그램에 잘못된 점이 있는지 찾아봐야 한다."
"알겠습니다."
빌 게이츠는 컴퓨터를 쓸 수 있다는 생각에 신이 났어요.
그러나 이런 빌 게이츠의 행복한 생활은
금방 끝나 버리고 말았어요.
컴퓨터 회사가 문을 닫아 버렸기 때문이에요.

그러던 어느 날, 한 남자가 빌 게이츠를 찾아왔어요.
"네가 빌 게이츠로구나. 컴퓨터를 잘 다룬다고 하던데
우리 회사의 *급여 관리 프로그램을 만들어 줄 수 있겠니?"
"네, 좋아요."
이렇게 해서 빌 게이츠는 본격적으로
컴퓨터 프로그램 개발에 뛰어들었어요.

*급여는 회사에서 직원에게 주는 돈이에요.

빌 게이츠는 공부도 게을리하지 않았어요.
미국의 *명문인 하버드 대학교에 들어간 거예요.
"빌, 정말 잘 했다."
"빌, 난 네가 정말 자랑스러워."
빌 게이츠의 합격 소식에
부모님은 무척 기뻐했어요.

미국의 명문 하버드 대학교
명문은 이름이 날 정도로 좋은
집안이나 학교를 의미해요.

그러던 어느 날, 폴 앨런이 빌 게이츠를 찾아왔어요.
"빌, 가정에서 개인용 컴퓨터를 사용할 날이 머지않았대."
"내 생각에도 많은 사람들이 개인용 컴퓨터를
필요로 하게 될 날이 곧 올 것 같아.
우리가 개인용 컴퓨터에 관련된 프로그램을 만들어 보자."
"좋아, 빌."
서로 마음이 통한 빌 게이츠와 폴 앨런은
'마이크로소프트(Microsoft)'라는 회사를 세웠답니다.

얼마 후, 대부분의 컴퓨터 회사에서
마이크로소프트사가 만든 프로그램을 이용하게 되었어요.
빌 게이츠의 마이크로소프트사가
개인용 컴퓨터 산업을 지배하게 된 것이에요.
빌 게이츠는 소프트웨어를 개발하는 데서 멈추지 않았어요.
'손가락 끝에 모든 정보를'이라는 메시지를 내세우며
세계적인 네트워크를 통한 정보 서비스 사업을 *구상하는 등
*최첨단 정보화 사회에 대한 *비전을 제시했답니다.

*구상은 앞으로 하려는 일의 내용·과정 등에 대하여 이리저리 생각하는 것이에요.
*최첨단은 유행이나 시대, 기술 수준 따위의 맨 앞을 뜻해요.
*비전은 내다보이는 미래의 상황을 의미해요.

마침내 빌 게이츠는 '컴퓨터 황제'로 불리며
세계적인 부자가 되었어요.
"사회로부터 번 것은 사회로 되돌려줘야 해."
빌 게이츠는 도움을 필요로 하는 사람들을 위해
많은 돈을 *기부하였어요.
또한 *'빌&멜린다 게이츠 재단'을 설립하여
나눔을 실천하고 있답니다.

*기부는 자선 사업이나 공공 사업을 돕기 위해 아무런 대가 없이 재물을 내놓는 거예요.
*빌&멜린다 게이츠 재단은 빌 게이츠와 그의 부인이었던 멜린다에 의해 2000년 설립
 되었으며, 국제적 보건 의료 확대와 빈곤 퇴치 등을 위해 일하고 있답니다.

## 빌 게이츠 따라잡기

|  |  |
|---|---|
| 1955년 | 미국 워싱턴주 시애틀에서 태어났어요. |
| 1967년 | 레이크사이드 스쿨에 입학했어요. |
| 1973년 | 하버드 대학교에 입학했어요. |
| 1975년 | 학업을 중단하고, 폴 앨런과 '마이크로소프트(Microsoft)'라는 회사를 설립하였어요. |
| 1981년 | IBM PC용 운영 체제 MS-DOS를 개발했어요. |
| 1985년 | 윈도우 1.0을 개발했어요. |
| 1995년 | 개인용 컴퓨터 운영 체제 '윈도우 95'를 개발했어요. |
| 1996년 | 인터넷 익스플로러 3.0을 개발했어요. |
| 2000년 | 부인이었던 멜린다와 함께 '빌&멜린다 게이츠 재단'을 설립했어요. |
| 2007년 | 윈도우 비스타의 개인용 버전이 발매되었어요. |
| 2008년 | 마이크로소프트 회장직에서 은퇴했어요. |
| 2010년 | 워렌 버핏과 더기빙플레지(The Giving Pledge)를 통해 재산을 자선 단체에 기부하겠다고 서약했어요. |
| 2015년 | 기후 변화를 막기 위해 '클린 에너지' 기금을 설립하였어요. |
| 2020년 | '빌&멜린다 게이츠 재단'을 통해 코로나19 백신 개발을 위한 연구 자금을 한국의 바이오 기업에 지원한다고 발표했어요. |

## 빌 게이츠 연관검색 #

### 통 큰 나눔,
### 더기빙플레지(The Giving Pledge)

메타의 로고

더기빙플레지는 2010년 빌 게이츠와 워렌 버핏에 의해 시작된 것으로, 재산의 대부분을 사회에 환원한다고 약속하는 캠페인을 벌이고 있어요. 메타의 마크 저커버그, 테슬라의 일론 머스크 등이 가입하였으며, 우리나라에서는 '우아한형제들'의 김봉진 의장이 가입하였답니다.

### 최첨단 산업으로 확장해 가는
### 마이크로소프트사

마이크로소프트사(Microsoft Corporation)는 컴퓨터 기기에 사용되는 소프트웨어 및 하드웨어 제품을 개발, 생산, 판매, 관리하는 기업으로 1975년 빌 게이츠와 폴 앨런에 의해 설립되었어요. 특히 '마이크로소프트 윈도우(개인용 컴퓨터 운영 체제)'를 통해 세계적인 기업으로 발돋움하였지요. 이후 산업의 변화에 맞추어 마이크로소프트 윈도우 폰(모바일 운영 체제), 마이크로소프트 오피스(사무용 제품군), 마이크로소프트 서피스(태블릿 기기), 마이크로소프트 서피스 북(노트북 기기), 마이크로소프트 루미아(윈도우 폰), 마이크로소프트 빙(검색 엔진), 마이크로소프트 인터넷 익스플로러(웹 브라우저), MSN(마이크로소프트 네트워크, 인터넷 포털), 마이크로소프트 코타나(인공지능 소프트웨어) 등으로 사업을 확대해 나가고 있답니다.

# PHOTO ALBUM

빌 게이츠

강연을 하고 있는 빌 게이츠

우리나라를 방문했던 빌 게이츠

컴퓨터 앞에 앉아 있는 빌 게이츠

최초의 대형 전자식 디지털 컴퓨터 에니악의 화면

빌 게이츠가 개발한 윈도우 98의 시작 화면

# 빌 게이츠 사진첩

세계 여러 곳에 세워져 있는 마이크로소프트사

컴퓨터에 깔린 마이크로소프트의 운영 체제

'빌&멜린다 게이츠 재단'을 설립한 빌 게이츠와 그의 아내였던 멜린다

윈도우의 심벌 마크

Leadership    Mentoring